Zauber der Provence

Zauber der Provence

Thymianduft und Silberschatten

Photographie Hans F. Kammermann

Bucher

Anthologie: Lisa Röcke
Graphische Gestaltung: Dieter Löbbert
Schutzumschlag: Christine Hartl
Herstellung: Angelika Kerscher

Printed in Germany
ISBN 3 7658 0456 8

Nirgends ist die Welt so köstlich
Wie vom Meer bis zur Durenza.
Von der Rhone bis nach Venza,
Nirgends strahlt die Lust so festlich;
Drum in ländlich freiem Glück
Blieb mein Herz bei Ihr zurück,
Die in Freude löst das Bangen.

Nicht kann je ein Tag uns plagen,
Wo wir ihrer uns besonnen;
Ihr entsprießen alle Wonnen:
Was auch, um ihr Lob zu sagen,
Einer sänne, es ist wahr;
Sie allein ist unstreitbar
Aller Welten höchstes Prangen.

PEIRE VIDAL

Wenn's laubt und sproßt allüberall,
Am starren Zweig die Knospe springt,
Wenn wunderhell die Nachtigall
Ihr neues Lied zum Himmel singt:
Lust ist das Lied und Lust die Blütenzier,
Lust ich mir selbst und Lust die Herrin mir;
Von Lust bin ich umgürtet und umhegt,
Doch Sie ist Lust, die alle andern schlägt.

Bernart de Ventadorn

In den Talen der Provence
Ist der Minnesang entsprossen,
Kind des Frühlings und der Minne,
Holder, inniger Genossen.

Blütenglanz und süße Stimme
Konnt an ihm den Vater zeigen,
Herzensglut und tiefes Schmachten
War ihm von der Mutter eigen.

Selige Provencer Tale,
Üppig blühend wart ihr immer,
Aber eure reichste Blüte
War des Minneliedes Schimmer.

LUDWIG UHLAND

Stimmung im Frühling

Da gibt es Tage – sind Euch die vertraut ? –
Da man sich leichter denn ein Vogel fühlt,
Viel jünger als ein Kind, ja, froher schaut,
Als wenn ein Edelknappe fröhlich spielt.

Man sinnt zurück, weiß nicht, wohin das trug . . .
Ganz offenbar, man träumt; und doch nicht: nein;
Man glaubt zu schwimmen, wähnt sich wie im Flug;
Man brennt vor Liebe, ohn' verliebt zu sein.

Paul Verlaine

Laß Früchte, Blumen, Zweige mich an dich verschwenden
und auch mein Herz, das ganz allein für dich nur schlägt.
Zerreiß es nicht mit deinen beiden weißen Händen,
gib, daß dein schöner Blick die schlichte Gabe hegt.

Ich komm zu dir, noch ganz bedeckt vom Tau der Frühe,
es ward ein Morgenwind auf meiner Stirn zu Eis.
Laß mich zu deinen Füßen ausruhn von der Mühe
und träumen von geliebten Zeiten, sacht und leis.

An deine junge Brust laß legen mich mein Haupt,
von deinen letzten Küssen spürt es noch die Lust;
laß still mich werden, die die Ruh du mir geraubt,
und gönne mir den kurzen Schlaf, dieweil du ruhst.

Paul Verlaine

Lied

O schöner Lenz, so strahlend hold,
was soll ich mit den Festgesängen,
dem Flieder und dem Weißdorn
  und dem Sonnengold
voll Blüten, die in Zweigen hängen,
so weit entfernt von meinem Lieb,
das in dem nebeldüstern Norden blieb?

O schöner Lenz, so strahlend hold,
sie wiedersehen ist des Festes Zier.
O schöner Lenz, so strahlend hold,
sie kommt zu mir! Nun wird dein Flieder,
dein blütenreiches Sonnengold
mich erst erfreun. – Ich danke dir,
o schöner Lenz, so strahlend hold.

Gustave Kahn

Provence

Sie hat ein feines, leichtes Angesicht;
doch welch ein Edelsinn lebt in den weichen Zügen,
ihr Fleisch ist hell und licht,
nicht so, daß blumenhaft es einen deuchte;
es ist ganz Fleisch, und es ist licht,
als ob ein Überirdisches leuchte.

Und wenn sie lächelt,
ist es wie Helle auf den Inseln,
den weißen Inseln in den Weiten,
die sich im frischen Morgen wach ausbreiten,
mit allen ihren reichen Garben,
mit allen ihren weichen Farben.

Gustave Kahn

Sei vernünftig, Garten, vernünftig!
Vergiß nicht, daß du mich nähren sollst!
Ich will dich schön geziert sehen,
doch mit Küchenkräuter-Anmut.
Ich will, daß du blühst,
aber nicht mit den zarten Blumen,
die ein von Grillen sirrender Sonnentag ausdörrt.

Sidonie-Gabriele Colette

Kanzone vom Überschwang der Liebe

Wenn Eis und Frost und Schnee entflieht
Und holde Wärme neu erwacht,
Wenn frisch begrünt der Frühling lacht
Und trillernd tönt der Vögel Lied –
   Wie selig zieht
Der März da durch die Sinne mir:
Ich spring als wie ein Pardeltier,
Nicht Reh noch Hirsch kann flüchtger sein.
Wenn die erwählte Schöne mein
   Mich freundlich ehrt
Und mir die hohe Gunst gewährt,
Daß ich ihr treuer Liebster sei,
Steh ich ob allen stark und frei.

Giraut de Bornelh

Der trockene und balsamische
Hauch des Windes, die blendende
Rückstrahlung der Sonne vom
nackten Gestein: das berauschte mich
wie ein starkes Getränk.
Und welches Ergötzen fand ich
am Erklettern der Felsen;
an der Jagd auf die «Trauermäntel»,
die man in jener Gegend
«prega-Diou» nannte, und deren,
klebrig an irgendeinem
Zweiglein hängende Eierbündel
einen so merkwürdigen
Eindruck auf mich machten;
sowie selbst am Aufspüren
der garstigen Skorpione, Asseln
und Tausendfüße, die sich
unter den Kieselsteinen und dem
Geröll versteckt hielten!

André Gide

Mit großer Lust gedenk der Liebe ich,
Nur sie ist meines Herzens treuer Halt;
Denn so begann's: ein Garten war um mich,
An Blumen reich, von Vogelsang durchhallt,
Und mitten in der Beete bunter Zier
Sah hell erblüht die Lilie ich vor mir;
Sie nahm mein Auge, nahm mein Herz gefangen,
Und all mein Denken kehrt sich, all mein Sinn
Seither zu ihr allein in Sehnsucht hin.

Giraut de Bornelh

Gewohnheiten des Himmels

Kalkboden, Olivenbäume,
ruhiges Silbergrün,
das Flußbett ausgetrocknet.
Schafherden ziehen vorbei.
Morgen und Abend sind
Gewohnheiten des Himmels.
Im alten Wachturm
lebt ein Muschelfischer,
wortkarg, ungestört.

Walter Helmut Fritz

Wenn der Mistral weht,
ist es hier freilich alles andere
als ein « mildes Land »,
denn der Mistral ist sehr aufreizend.
Aber wie wird man dafür
entschädigt, wenn ein windstiller Tag ist!
Welche Leuchtkraft der Farben,
welch reine Luft,
welch stille Beschwingtheit!

VINCENT VAN GOGH

Der holde Hauch, der von dem Berg hernieder
mit Blumen weht in diesem Waldes-Schatten,
am Klang der Düfte kenne ich ihn wieder,
die mir zu Rast und Ruhm den Steig verstatten.

Toskanas Heimat-Land und dessen Lieder
verlasse ich für andre liebe Matten,
auf denen heute noch vielleicht der Flieder
mir blühen wird auf sonnigen Rabatten.

Die Sonne meines zweiten Heimat-Landes
beglückt mich so, daß ich mich notgedrungen
zurückgeführt zu ihrem Brennpunkt fühle.

Und wären mir am Saume des Gewandes
zur Flucht vor Ihr auch Flügel aufgezwungen,
ich bliebe da, im Brand der Waldes-Kühle.

PETRARCA

Des Sonntags man der Liebe pflegt;
Darauf an die Arbeit sonder Rast.
Gibt's auch am Montag Müh' und Plag',
Wir trinken den Wein unsrer Reben,
Wir essen das Brot unsres Korns.

Frédéric Mistral

Wenn ich in diesem Talgrund das Geheime,
das mich beseligt, zu enthüllen trachte,
erweckt in mir es immerwährend sachte
den holden Namen, der so süß im Reime.

Die Locken windverweht, der Flor im Keime;
und jene offene, unausgedachte
Magie der Augen, die noch jedem lachte
in fremder Landschaft, oder eignem Heime;

hier hell aus Gräsern, hier aus Blumen sprühend,
hier zwischen Reif und Sonne mitversponnen,
hier überm Wasser schillernd unter Zweigen;

so frisch als denkbar aus sich selber blühend
und meinem Herzen derart zugewonnen,
daß es gelingt, ihm mehr wie Glück zu zeigen.

PETRARCA

Garten

über den
gelben blüten
fliegt
ein falter,
aus dem
unendlichen
schöpft
die kreatur.
wohltätig
dringen
die wasser
unter
die durstigen
wurzeln.
chaos und
weisheit
dehnen
sich aus.

Eva van Hoboken

Die Farbe ist hier eigentlich sehr zart.
Wenn das Grün frisch ist, ist es ein reiches, sanftes Grün,
wie wir es im Norden selten sehen.
Wenn es verbrannt und staubig ist, wird es nicht häßlich;
dann bekommt die Landschaft Goldtöne in allen Spielarten,
grüngold, gelbgold, rosagold oder bronzen, kupfern
und von Zitronengelb bis zur mattgelb gedunkelten Farbe
eines Haufens gedroschenen Getreides.

Vincent van Gogh

Blumen nehmen nicht bloß leeren Plätzen das Öde, sie bezaubern auch rings um sich her durch die Schönheit, Abwechselung und Mannigfaltigkeit der Farben, die der eifersüchtigen Kunst unerreichbar sind; sie begeistern durch die Anmutigkeit des Geruchs, der vielen Geschlechtern eigen ist, und sind an sich so angenehme Gegenstände auf einem Gartenplatze, daß man lange glaubte, schon ihre bloße Gegenwart mache einen Garten, und bei ihrer Abwesenheit verschwinde auch aller Begriff vom Garten.

Christian Cay Lorenz Hirschfeld

Ich liebe dieses sanfte Stück Land,
seine Lehne aus Einsamkeit,
an dessen Rand die Stürme sich
folgsam entwirren, an dessen
Mast ein verlorenes Antlitz für Augenblicke
aufleuchtet und mich zurückruft.
So weit meine Erinnerung reicht,
sehe ich mich hingeneigt über die Pflanzen
im verwilderten Garten meines Vaters,
wie ich die Säfte beobachte und mit den
Augen Formen und Farben küsse,
die der halbnächtliche Wind besser feuchtete
als die machtlose Hand der Menschen.

René Char

Im Rücken den Sommer

Frédéric Mistrals Pilgerflasche,
mit Wein gefüllt.

Ich habe im Rücken den Sommer,
eine Dichtung
von Brot und Zwiebeln.

Orbis terrarum aus Steineichen
und heißen Hufeisen.

Landstreicher zünden Zigaretten
mit der Luft an.

Unter den Nägeln
nimmt der Staub zu.

Schatten werden
von endemischem Fieber
geschüttelt.

Dünne Schuhe verlieren sich
im unbeschnittenen Laub.

KARL KROLOW

Ich wünschte, du würdest mal
eine Zeit hier verbringen,
du würdest es nach einer Weile spüren,
das Sehen wird anders,
man sieht mit mehr japanischen Augen,
man fühlt die Farbe anders.

VINCENT VAN GOGH

Man muß das Mittelmeer als den Ausgangsort
der europäischen Kultur ansehen.
Die glücklichen Ufer dieses schönen,
vom Klima begünstigten Meeres
waren ferner gesegnet durch die
glücklichen Anlagen seiner
Bewohner, die keine trübseligen
Glaubenslehren und Gebote kannten.
Die ungewöhnlich heitere Natur
der Provençalen hatte damals das Christentum
ohne Nachteile über sich ergehen lassen.

STENDHAL

Im Juli, wenn der Mittag läßt die Rosen blühen,
wie einen feurigen Wein die trunkne Luft zu trinken,
und, von der Glut des Sommers brennend, zu versinken
im heißen Abgrund all der Dinge, welche glühen!

Und fühlen, wie die Sonne in dem Blute rollt,
und ganz verzehrt von Stolz in hellen Glanzes Gold
voll Schaudern wissen, daß es herrlich ist, zu leben.

Albert Samain

Die Katze

Was ist es, das mein Haus begehrt?
Ein Weib, das die Vernunft belehrt,
Dann: unter meinen Büchern eine Katze,
Und daß ein Freund mich jederzeit beehrt,
Denn ohne sie ist mir das Leben gar nichts wert.

Guillaume Apollinaire

Garten von Frankreich

Stiller Garten,
Ernster Garten,
Garten, der die Augen am Abend senkt
Für die Nacht,

Mühn und Geräusche,
Alle brausenden Ängste der Stadt
Kommen zu mir, gleiten über die glatten Dächer,
Kommen ans Fenster,
Ans schräge, durchs Sieb von kleinen, zärtlichen,
nachdenklichen Blättern.

Weiße Hände,
Zarte Gesten,
Besänftigende Gesten.

Léopold Sédar Senghor

Wer wäre denn imstande,
die Blumen nicht zu lieben, wenn man bedenkt,
daß sie die einzigen in der Natur sind,
die immer nur Gutes und niemals Schlechtes tun?
Mit allen wichtigen Anlässen des Lebens
sind sie verbunden; der Taufe, der Hochzeit,
beim Tod sind sie dabei, bei allen
möglichen Gelegenheiten kommen sie ins Haus.
[...]
Weder das Königtum noch die Republik
hat sie je entbehren können,
und oft kaufen Leute, die kaum Geld
für das tägliche Brot besitzen,
Blumen: denn Blumen sind das Glück derer,
die kein Glück haben.

Honoré de Balzac

MAISON DE LA PRESSE
TABAC

«Die holden Lüfte, die vom Tal ergehn,
Nahn mir vom Liebsten, der so stolz und schön:
So trink ich seines Atems süßes Wehn.» –
O Gott, o Gott, der Tag, wie naht er früh!

Die Fraue ist voll Reiz und hoher Pracht,
So mancher hat wohl ihrer Schönheit acht;
Doch sie ist nur auf treue Lieb bedacht. –
O Gott, o Gott, der Tag, wie naht er früh!

Altprovenzalisches Tagelied

An den Mistral

Mistral-Wind, du Wolken-Jäger,
Trübsal-Mörder, Himmels-Feger,
Brausender, wie lieb' ich dich!
Sind wir zwei nicht eines Schoßes
Erstlingsgabe, eines Loses
Vorbestimmte ewiglich?

Raffen wir von jeder Blume
eine Blüte uns zum Ruhme
und zwei Blätter noch zum Kranz!
Tanzen wir gleich Troubadouren
zwischen Heiligen und Huren,
zwischen Gott und Welt den Tanz!

Friedrich Nietzsche

Ein junges Mädchen spricht

Es sprachen sanft die Gänseblümchen: Sag,
weshalb vertrautest du ihm Tag für Tag?
Sein Herz ist eins, das hart und ruhlos geht. –
Ihr Gänseblümchen, ach, ihr sprecht zu spät!
Und Gott sei meiner armen Seele gnädig!

Es sagte die Salbei: Du weißt doch, daß
er dich in einer andern Arm vergaß? –
Salbei, o trauernde Salbei, ich will
dich flechten in mein Haar, bereit und still . . .
Und Gott sei meiner armen Seele gnädig!

JEAN MORÉAS

Auf der weiblichen Straße
trägt dir die Wiese
ihren Lavendel entgegen.
Der Fluß
lehnt seinen Spiegel an den Wind.

Aber du hältst
die Lider geschlossen,
und die enttäuschte Landkarte
mit ihren Fischen und Pappeln
rollt sich unter einem Himmel auf,
den du vergaßest.

Ein Luftschiffer
winkt dir nach
aus seinem Grabe,
dem Grunde
einer alten Flasche.

Karl Krolow

Anemone! Küssen
laß mich dein Gesicht:
Ungespiegelt von den Flüssen
Styx und Lethe, ohne Wissen
um das Nein und Nicht.

Ohne zu verführen,
lebst und bist du da,
still mein Herz zu rühren,
ohne es zu schüren –
Kind Nausikaa!

Elisabeth Langgässer

Blühen

Blühen
kennt keine
perspektivische Störung.

Phantasien der Licht-Uhr:
Grün, das von Baum zu Baum
fliegt.

Die Natur ist älter
als Rousseau –
Unschuld der
sichtbaren Vergnügen.

Mit offenen Armen
stürzt die Zeit
in die Geschichten
duftender Vegetation.

Schlaflose Luft
trägt die Samen davon.

Karl Krolow

Wer auf der Suche ist
nach schrankenloser Zuneigung,
nach Zärtlichkeit, die sich
in Lachen und Weinen äußert,
nach dem Überschwang helläugiger Jugend,
deren Seele schattenlos ist
wie ein sonnenbestrahlter Wasserspiegel,
wen am Sonntagmorgen
nach solchen Kostbarkeiten gelüstet,
der folge mir in das kaum bewohnte Haus
in der noch längst nicht fertigen Straße,
das wir alle kennen.

Alphonse Daudet

O schöner Süden!
Die Natur hat ihre Phantasie erschöpft,
um dich mit allen ihren Reizen
zu schmücken, und der Mensch gab dir
die traurige Geschichte, um deiner
Schönheit noch den Reiz der Wehmut
zuzugesellen. Ja, diesem Lande
sieht man es an, daß es, wie der Alte
zu sagen pflegt, eine Geschichte habe. –
Aber jede Geschichte ist traurig.
Die Goldene Zeit hatte keine Geschichte.

Moritz Hartmann

Aber in meiner Provence werden die Kiefern- und Olivenwälder nur gelb, wenn sie wirklich absterben, und der erste Septemberregen wäscht ihre Zweige wieder grün und frisch wie im April. Auf den Hochebenen behalten Thymian, Rosmarin, Wacholder und Zwergeichen, umgeben von blauem Lavendel, immer ihre Blätter, und nur in die Täler schleicht der Herbst sich heimlich ein.

Marcel Pagnol

O doch, der Midi bedeutet Frieden und Einsamkeit.
Nicht das Paradies, immer eine Mischung
aus Elysium und Apokalypse, Besinnung und Aufruhr.
Fischsuppe, kräftig nach Knoblauch schmeckend,
und roter, die Glieder wärmender Wein.
Wüstenhafte Hänge und hüfthohes betäubend duftendes
Gestrüpp, Schafe und Ziegen. Die letzten reinen Quellen.
Der Himmel ist stumm, sie haben die Singvögel ausgerottet,
und der Lärm der Zikaden ist verschmolzen
mit dem Licht und der Dunkelheit, du hörst ihn kaum mehr,
verschmolzen mit der Hitze und dem leichten kühlen
Wind, der aus dem Schatten der Schlucht heraufweht,
um uns das Leben süßer zu machen.
Provence, ein Traum, der nicht aufhört uns zu verfolgen.

Fred und Maxie Wander

Quellennachweis

Der Verlag dankt den Copyright-Besitzern für die freundliche Erlaubnis zum Nachdruck:

5 Peire Vidal. Aus: Die Troubadours. Leben und Lieder. Übertragen von Franz Wellner. Dieterich'sche Verlagsbuchhandlung. Leipzig 1942.

6 Bernart de Ventadorn. Aus: Die Troubadours (siehe Angaben zu Seite 5).

8 Ludwig Uhland. Aus: Werke, Band 1. Sämtliche Gedichte. Winkler Verlag. München 1980.

10 12 Paul Verlaine. Aus: Albrecht Schönhals: Erinnerungen. Baudelaire, Verlaine, Rimbaud. Deutsche Verlagsanstalt. Stuttgart 1968.

14 16 Gustave Kahn: Aus: Französische Symbolisten. Verlag Jakob Hegner. Köln 1960.

18 Sidonie-Gabriele Colette. Aus: Die Erde mein Paradies. Zitiert nach: Licht der Provence. Herausgegeben von Ingeborg Tetzlaff. Du Mont Buchverlag. Köln 1978.

20 Giraut de Bornelh. Aus: Die Troubadours (siehe Angaben zu Seite 5).

22 André Gide. Aus: Stirb und Werde. Deutsche Verlagsanstalt. Stuttgart 1948.

24 Giraut de Bornelh. Aus: Die Troubadours (siehe Angaben zu Seite 5).

26 Walter Helmut Fritz: Aus: Gesammelte Gedichte. Verlag Hoffmann und Campe. Hamburg 1979.

28 Vincent van Gogh. Aus: Als Mensch unter Menschen. Vincent van Gogh in seinen Briefen an den Bruder Theo. Albert Langen/Georg Müller Verlag. München 1960.

30 Francesco Petrarca. Aus: Das lyrische Werk. Übertragen von Benno Geiger. Hermann Luchterhand Verlag. Neuwied 1958.

32 Frédéric Mistral. Aus: Seele der Provence. Erinnerungen. Alfred Scherz Verlag. Bern-Stuttgart-Wien 1959.

34 Francesco Petrarca. Aus: Das lyrische Werk (siehe Angaben zu Seite 30).

36 Eva van Hoboken. Aus: Die Brücke bewegt sich. Zürich 1959.

38 Vincent van Gogh. Aus: Als Mensch unter Menschen (siehe Angaben zu Seite 28).

40 Christian Cay Lorenz Hirschfeld. Aus: Theorie der Gartenbaukunst. Leipzig 1780.

42 René Char. Aus: Das pulverisierte Gedicht. S. Fischer Verlag, Frankfurt am Main 1978.

44 Karl Krolow: Aus: Gesammelte Gedichte. Suhrkamp Verlag. Frankfurt am Main 1975.

46 Vincent van Gogh. Aus: Als Mensch unter Menschen (siehe Angaben zu Seite 28).

48 Stendhal. Aus: Über die Liebe. Diogenes Verlag. Zürich 1978.

50 Albert Samain. Aus: Französische Symbolisten (siehe Angaben zu Seite 10).

52 Guillaume Apollinaire. Aus: Lyrik des Abendlandes. Carl Hanser Verlag 1963.

54 Léopold Sédar Senghor. Aus: Botschaft und Anruf. Sämtliche Gedichte. Übertragen von Janheinz Jahn. Carl Hanser Verlag. München 1963.

56 Honoré de Balzac. Zitiert nach: Thyde Monnier, Das Haus meines Herzens. Eine ländliche Chronik. Marion von Schröder Verlag. Hamburg 1963.

58 Altprovenzalisches Tagelied. Aus: Die Troubadours (siehe Angaben zu Seite 5).

60 Friedrich Nietzsche. Aus: Gedichte. Verlag Philipp Reclam jun. Stuttgart 1964.

62 Jean Moréas. Aus: Französische Gedichte aus sechs Jahrhunderten. Herausgegeben von Fritz Schalk. Carl Schünemann Verlag. Bremen o.J.

64 Karl Krolow. Aus: Gesammelte Gedichte. Suhrkamp Verlag. Frankfurt am Main 1965.

66 Elisabeth Langgässer. Aus: Gedichte. Claasen Verlag. Düsseldorf 1959.

68 Karl Krolow. Aus: Gesammelte Gedichte (siehe Angaben zu Seite 64).

70 Alphonse Daudet. Aus: Briefe aus meiner Mühle. Verlag Philipp Reclam jun. Stuttgart 1971.

72 Moritz Hartmann. Aus: Tagebuch einer Reise durch Languedoc und Provence. Societäts-Verlag. Frankfurt am Main 1972.

74 Marcel Pagnol. Aus: Marcel. Eine Kindheit in der Provence. Wilhelm Goldmann Verlag. München 1979.

76 Fred und Maxie Wander. Aus: Provenzalische Reise. Verlag FEB F.A. Brockhaus. Leipzig 1978.